LOS PRIMEROS DÍAS DE UNA CASA

Primera edición   2010

Queda prohibida la reproducción total o parcial de esta obra incluido el diseño tipográfico y de portada sea cual fuere el medio, electrónico o mecánico, sin el consentimiento por escrito del editor.

©ARCHITECTHUM PLUS S.C.
Díaz de León 122-2 Aguascalientes, Aguascalientes, México CP 20000

libros@architecthum.edu.mx

© Jorge Tamargo, 2008
© Jorge Tamargo del diseño de la portada
© Santiago Bellido de las ilustraciones

I.S.B.N: 978-607-95151-6-4

JORGE TAMARGO

LOS PRIMEROS DÍAS DE UNA CASA

*... entre los mortales también debe
lo elevado sentirse.
Por esto construyen ellos casas...*

F. Hölderlin

*Y es que el hombre, aunque no lo sepa,
unido está a su casa poco menos
que el molusco a su concha.
No se quiebra esta unión sin que algo muera
en la casa, en el hombre... O en los dos.*

Dulce María Loynaz

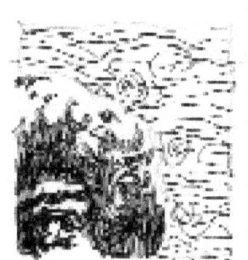

Intemperie

> *La intemperie es el sol del extranjero.*
> Cintio Vitier

Cambiamos
de intermediarios frente al medio
obsesionados por abandonar la bestia,
por conquistarnos a toda costa.
Derogamos
el árbol de majestad permeable,
el peñasco horadado por olas y mareas,
la pelambre-hogar-de pequeños-enemigos.
Aupamos
la cueva de propiedad tangible,
la piel del mastodonte:
manta y cabaña en la sobrecena,
en el sobrefrío.
Declaramos
incómodos al sol, la lluvia, el viento,
prescindibles al búho y la cigarra,
gestor a dios del horizonte...
Y dios nos obsequió la casa y la tumba.
Y supo desde entonces
cuánto nos espanta
la intemperie.

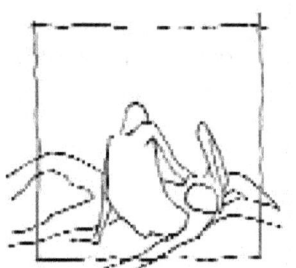

Sueño

> ...un lugar donde dure el olor de la noche,
> donde lluvia y cansancio sean posibles.
> Tomás Segovia

Nos hicimos hombre en la cueva.
Cuando logramos expulsar al oso
y convertirla en templo para el fuego,
cuando tuvimos acceso que guardar,
paredes que pintar, espacio seguro
donde copular tranquilos;
cuando tuvimos casa...
Desde entonces soñamos una casa:
una cueva manipulada hasta la identidad
donde ser hombre.

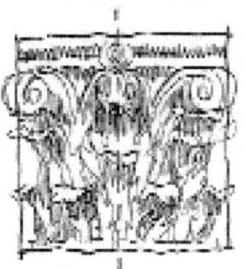

Trabajo

> *Cuántas veces, en tantos otros siglos,*
> *contemplaron mis ojos esta escena...*
> Eugenio Montejo

Porque no nos bastó profanar el termitero
hundidos a merced de las bestias
en la madeja salvaje del trigo;
porque no nos bastó recoger frutos
y lancear ostras cuando la estación
era propicia para frutos y ostras;
porque no entendimos el rayo ni la lluvia
ni supimos aceptar su natural arritmia;
porque no nos valen las cosas como son,
como están, donde están;
porque lo cambiamos todo de lugar
para que el lugar abandone su limbo
y se haga referencia;
porque no sabemos dejar hacer a los demás
—sean dioses o insectos—
sin situarnos al borde de la quiebra;
porque somos nosotros y no queremos —ni podemos—
escapar de nuestra devastadora inquietud;
porque a pesar de todo queremos ser
lo que somos, lo que fuimos,
lo que quisimos ser y no pudimos;
trabajamos.

Porque no sabemos dejar de trabajar
vamos, imparables,
hacia la nueva casa.

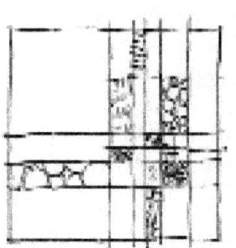

Sitio

Aquí.
No sé muy bien por qué.
Un rastro escurridizo
me tienta, me inquieta,
con ternura se mofa de mí.
Sabe contentarme mientras lo persigo,
mientras felizmente lo ignoro.
 —Qué bien,
  con lo que cansa saber,
  con lo que aburre
  ser en conciencia feliz—
No sé razón alguna que me relacione
tan obstinadamente
con esta obstinada brisa
que me enfría abril.
No sé muy bien por qué...
 —Y para qué saber más
  que este temblor y este miedo
  tan simétricos a aquellos
  que atizaron el umbral
  del primer beso—
No sé muy bien por qué
pero aprendí con los años
a disipar lo angustioso del saber,
a convivir con su insolente vacío.

No sé muy bien por qué...

Aquí.

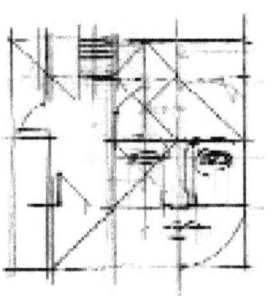

Concepción

Para Fernando Salinas, in memoriam.

No es todo inferioridad frente a la abeja y la hormiga.

Nos superan en cuidado, orden y perseverancia,
pero no anticipan el diseño de sus casas.
Las levantan empujadas por un esquema invariable
y un afán que no controlan: construir sobre la marcha
la matemática urdimbre de colmena y hormiguero.

Nosotros anticipamos el diseño de la casa.
Antes de que sea barro, cemento, piedra o madera,
podemos manipular su modelo hasta el cansancio,
podemos soñarla, entreverla, sospecharla,
ajustarla a los tenaces vaivenes de la fortuna.

Y lo hicimos...

La concebimos en medio de encuentros y desencuentros
con el cuidado, la calma y el tesón del alfarero.
Se nos volvieron montaña las ganas de comprobarla
bajo el fiable arbitraje de la luz de cada día
y decidimos hacerla con todas las consecuencias.

—La cautela en la porción que la razón aconseja—
No es todo inferioridad frente a la hormiga y la abeja.

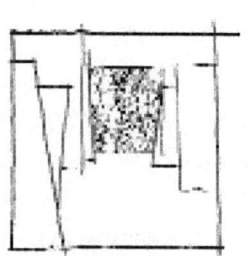

Estandarte

> ...los muros de las casas donde el hombre
> se guarece del hombre y se conviene...
> Carlos Marzal

Cuando finalmente contengas tu aliento
para guardarnos de todo lo temido,
cuando finalmente nos arropes, nos expliques;
podrás expresarte sin reservas,
pero sólo ante nosotros.
A los demás puedes contar lo que no duele:
que somos arquitectos,
que traficamos con sueños,
que somos propietarios soportables,
que somos razonablemente agradecidos,
que acatamos las normas de este feudo
al que amamos razonablemente...

Pero recuerda, hay temas prohibidos:

No hablarás de nuestros ritos, nuestros miedos.
De dinero ni palabra aunque te tienten.
Evitarás ser descarada o altanera.
Evitarás toda actitud despótica
que nos ponga en el disparadero.
Serás un puñado de señales
que nos acerque o nos aleje de los otros.
Tendrás que manejar puertas y muros
con la pericia de los cancilleres.
Serás un estandarte... Y los estandartes pueden

resultar sabrosos como los pasteles,
incómodos como alfileres.

Sé prudente.

Jardín

Te sabías condenado a estrato resistente, a
tierra confinada en la penumbra.
Te sabías suelo cierto para sueños vagos,
predestinado acaso para sombra y carga.
Te sabías efímero en tu danza verde,
apenas *hoy*
en el mullido desatino de la fotosíntesis,
frente al espasmo discontinuo de la helada.

...Y finalmente te di el consabido golpe.

Yo que te encanté con mañanas imposibles,
que te calmé la sed en los veranos,
que te elevé a deseo, a poesía,
te partí en dos. Sí, yo
que te integré, te acoté,
te amaneré para la envidia
de los viñedos vecinos.

No hay excusa más allá de la arrogancia... Pero te pido

que no depongas los hombros
frente al soberbio peso de mis muros,
que no te vengues de mí,
que no te niegues a flor
en el reducto de luz
donde resistes.

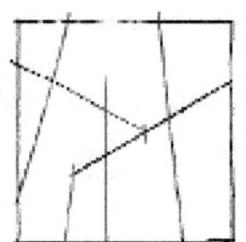

Estructura

Para Marcelino Hurtado

Retén retina este espacio
apenas esbozado en su cartografía de esqueleto.
Sostenlo en lo agridulce del anhelo
frente a la inclemencia de la desmemoria.
Así es antes de ser. Así,
bajo una luz indómita entrevisto, por ella sugerido,
nunca más será cuando al final,
reducido a sí mismo —escala y cota—
desvele su misterio, esconda su fracaso:
ser uno al fin, inamovible,
entre tanto posible descartado.
Retén retina lo que ahora es, lo que no será,
lo que pudo ser antes de arribar
a cierto y definitivo.
Retenlo para que aún pueda sentirlo
cuando la solidez del aire ceñido a sus fronteras
y la férrea geometría de una luz previsible
me induzcan a olvidarlo.

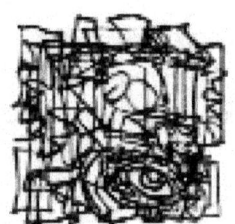

Escombros

Para Pepe Fraile

Cómo estorban en las fotos.
Cómo se aferran a obstáculo, a montón,
a incómodo grano en lo pulcro del ángulo.
Cómo saben los intestinos de la casa,
la intolerancia de su digestión,
la indolencia de sus artífices.
Cómo estorban en las fotos
con esa vocación de mendigo en avenida,
de deposición en el rosa del salón...

¡A los vertederos!
A ser acallados, olvidados
frente a la tersura de las fábricas
y el brillo de los pavimentos.
¡A los vertederos!
A consumar su raposo destino de polvo y cascote
en el perimundo de nuestros espejos.
¡A los vertederos!
A hablar de nosotros cuando ya no estemos.

Granizo

Graniza sobre el costillar de abeto
que desnudo y orgulloso desafía la gravedad
y se angula para tensar su fibra y afinar mi sueño.
Graniza oportunistas piedras sobre vigas afeitadas
que se dotaron de aristas para coquetear conmigo,
que claman mi protección a cambio de su corteza.
Graniza sobre el ademán de tejado que hice
al veleidoso amparo de la primavera.
Graniza como en venganza por la coraza que barrunto,
como recordándome quién manda
en el lado terrenal de lo ensoñado...

Y corro a por lonas y blasfemo.
Y me calo y me canso
y me agobio y me frustro...

Sólo me consuelo cuando veo a salvo
las insipientes yemas de mis moreras.

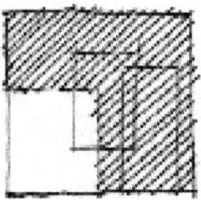

Muros y vanos

Para Chema Fraile

Muros y vanos
van encuadrando el entorno con vocación fotográfica,
acotando el paisaje, acomodando la luz
al rigor cartesiano de las sombras venideras.
Aún pueden los pájaros penetrar el ámbito
que se les hurta a canto y nido
sin estamparse contra los cristales.
Pero la casa toma músculo y piel,
disimula su osamenta, y coqueta,
va explicándose como puede
entre andamios, máquinas, escombros...

Una cosa queda clara:
la casa es recoleta y pizpireta.
Se enfunda el burka hacia su calle
y el traje de can-can hacia su patio.
  —Cuántos perfumes la rondan, cuántos
  mares y mesetas se confunden en su rastro—

La casa se despliega con sigilo de serpiente.

Pero se quedará quieta para tentar a la luz,
para invitarla a manzana,
para llevarla a pecado
de
  orificio
     en
        orificio.

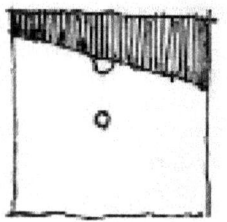

Tejado

Vibran las vigas.
Asoman la testa bajo los aleros.
En rigurosa formación
reciben sol y carga equitativamente,
sin la febril competencia de su bosque.
Han debido mutar para ser iguales
ante cielo, luz, lluvia...

Corren las aguas.
Escurren por los faldones de tejas.
Cada gota enfrenta su infalible plano,
su ángulo, su canal, su preciso sonido
sin sorpresas ni avatares.
Ni trémulas ramas ni dóciles espigas,
ahora frío barro calle abajo.

Hemos nombrado embajador ante la luna:
Tenemos tejado.

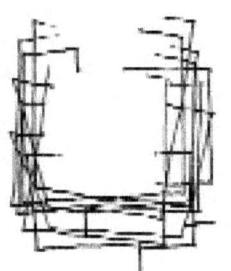

Arterias

No hay parto sin dolor.

Por escapar de lo inerte
resignada te entregas a la cirugía:
te abren, te llenan de arterias,
te cosen, te vendan el tajo.
Duele, sí,
el filo inclemente del cincel
es el precio de la aurora.

Olvidarás este dolor
cuando tu savia desplante a la noche
con un guiño a la luna
y te bañe de luz las entrañas,
cuando tus arterias contesten la pereza del sol
con su cálido fluido,
cuando hayan despertado tus instintos.
—Precisarás energía.
Depondrás caldos y humos de dudosa conveniencia.
¿Quién llegó a poesía sin ombligo?—

Y luego te ajarás y enfermarás y morirás
y alguien hará sitio a tus cenizas... Mas
este trance de estrepitoso alumbramiento
con su ritual de corte, implantación y cura
es el presagio de tu resistencia.

No hay parto sin dolor... Ni siempreviva

más allá de aquella flor ilusionista.
Pero merece la pena el episodio
y hasta el acero cerril del cirujano
por escapar de lo inerte...

Bienvenida.

Ruidos

Hay casas introvertidas
que no hablan a sus inquilinos;
casas de carácter reservado
que no se *ven venir*,
que ni ríen ni lloran,
que van inconformes hacia su ruina
sin soltar emociones;
casas estiradas, empaladas,
que prefieren la artrosis
al riesgo de incendio;
casas tercas, inflexibles,
que enfrentan los elementos
con una prepotencia monolítica,
que sueñan la eternidad
desde un rotundo —acaso fotogénico—
silencio mineral.

Hay casas extrovertidas
que se explayan con sus inquilinos;
casas de carácter abierto
que suenan sin complejos;
casas que no mienten,
que se quejan si duele,
que dilatan y contraen abiertamente;
casas que se adaptan a los elementos
sin fijar posiciones,
que tratan con la lluvia
en presencia de todos;

casas flexibles, tolerantes,
que no especulan con las emociones;
casas que envejecen dignamente,
que prefieren morir
a esconder sus miserias.

Ayer, mientras llovió... Y después,
cuando la tarde liberó su frío;
traquetearon las tejas, los tableros, las vigas...

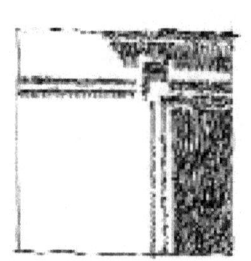

Maquillaje

Está escrito en el guión:
Una casa sin maquillar no es digna de tanto norte.
Aquí los escrúpulos exigen maquillaje.
Ahora toca propiciar
precisión hasta el ángulo notable,
aplomo hasta el meridiano,
nivelación hasta el horizonte,
tersura hasta el reflejo,
blancura hasta lo pulcro.

La casa muta en dirección a su mariposa.
Avisados la araña, el pulgón, el polvo:
la casa se debe a sus artífices,
toma distancia, se encumbra,
no acepta mácula alguna.
Fue levantada para sustanciar sueños
y será selectiva con los huéspedes.
Evitará todo intruso que evoque
incómodos pasados.

Ahora manda el pudor:
ese sentimiento afeminado
que no puedo entender ni eludir.

No soy especial.

Tampoco yo aceptaría la casa
sin el postizo de sus pestañas.

Impaciencia

Esperamos veinte años.

Edificamos una cabaña de sueños
amasando con paciencia las ilusiones ajenas.
Estancamos las ganas en parcelas esenciales
donde crecieron los hijos y murieron los abuelos.
Anduvimos sin reserva los caminos ofrecidos
con la casa bien guardada en el trasdós del deseo.

Pero hoy,
a la postre de tanto plazo encajado,
una jornada resulta la sobredosis de espera
bastante para enhebrar ansiedad y descontento.
La casa gravita sobre un lecho de inquietud.
Se eternan los intermedios entre los múltiples actos
que entretejen la ocurrencia de toda metamorfosis.
Cada mañana es un reto, un trago de desenfreno.

— No podemos esperar que el verano de la vuelta
y nos sorprenda el otoño con su bata de tristeza
sin que hayamos enterrado el cuerpo de la quimera.

Esperamos mucho tiempo sin entender claramente
que los años no regresan a merodear por su era
una vez que se enroca la arena de su reloj.

Pero hoy
la impaciencia se desflora contra lo nimio del tiempo

y una jornada resulta la sobredosis de espera
bastante para enhebrar descontento y ansiedad.

Se colmató el cuenco viejo donde medraba el sosiego.
Cómo escuece cada instante
en que la casa no está.

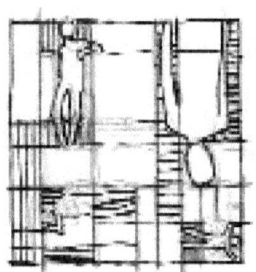

Alboroto

Obrero, máquina, obrero...

Todos se mueven.
Todos arpegian
el diapasón del horario:
saludo, trabajo, almuerzo,
trabajo, comida, paro,
chiste, bravata, cigarro,
trabajo, reloj, trabajo.

Todos se aferran al corte.
Unos cavan, otros cubren.
Unos cosen, otros arman.
Unos suben, otros bajan.
Se cruzan y se descruzan
en todas las direcciones
siempre zumbando.

Y en medio del alboroto
la oruga que se espabila
de un espeso sueño-sangre
en el sudor refrendado.

Me quedo con vuestro ruido
sucio de luz y de espacio...

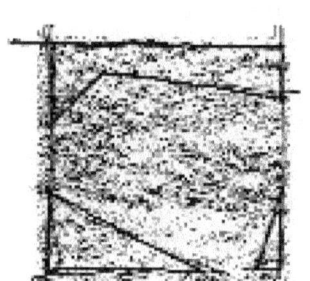

Contemplación

Tiene el hombre una sed de trascendencia
y un hambre de belleza
que lo inducen inclementes a la impronta,
sugerentes a la contemplación.
Manipulando la realidad
participa el hombre la médula del sujeto.
Contemplando la realidad también
participa el hombre la médula del sujeto.

Pero saciando ambas apetencias:
manipulando la realidad, contemplándola,
legándola a la contemplación
incontestablemente transformada;
habita el hombre lo medular del sujeto:
el apogeo de su ego.

Tal vez por ello mi jardín,
experto en éxtasis,
maestro del embeleso
y viejo cachicán del peloteo;
despliega ese perfume elegíaco
que me guía tendencioso al café
en este banco duro desde el que se ve
el rostro germinal de la casa.

Paisanos

¿Qué se está haciendo el cubano
con esa pinta de nave
y esos paredones ciegos?
Qué grande.
Qué raro.
Qué feo.
Qué diferente y lanzado...
    — Avísame cuando acabes,
    quiero ver cómo funciona
    ese interior misterioso
    que nos has escamoteado.
¿Qué se está haciendo el cubano
con esa pinta de cuadra
y esos muros monacales?
Qué grande.
Qué raro.
Qué feo.
Qué inquietante y arriesgado...
    — Avísame, no te olvides,
    quiero ver cómo funciona
    ese interior misterioso
    donde se intuye el pecado.

¿Qué se está haciendo el cubano?

Mira que venir de lejos
y traer en la mochila
semejante desparpajo...

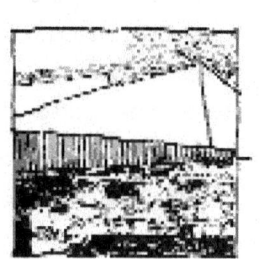

Amigos

Cómo has podido hacer esto
que me resulta tan loco
y a la vez tan ideal.
De haberlo hecho en Madrid
cuánto llegaría a costar.
Si yo pudiera mi amigo
disfrutar estos espacios
junto a la Plaza Mayor.

Pero en Valoria...

Debes estar poseído
por algún demonio audaz.

Mira que tanto diseño...
Mira que tanto dinero...
En un pueblo tan remoto...
En un medio tan rural...

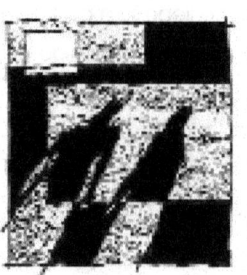

Amigos

Enhorabuena.
Tú tienes las cosas claras
y en la casa claro queda.
Este sitio tiene algo
que me incita a reposar,
tiene un encanto tan raro
como el swing de la amistad.
Me siento cómodo amigo.
Te percibo muy cansando.
Te quiero reconfortar.

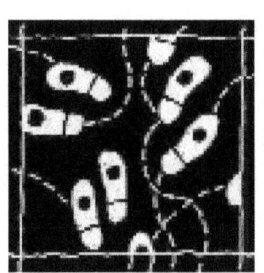

Colegas

— A mí me sobra ese muro.

— A mí me falta zaguán.

— Las ventanas tienen gracia
 pero pueden mejorar.

— Me parece la fachada
 conseguida lo que más.

— Qué pena la barandilla,
 se empeña en desafinar.

— Los detalles los hay buenos
 y los hay para olvidar...

    — Está bien ¿pero en resumen?

— En resumen no está mal.

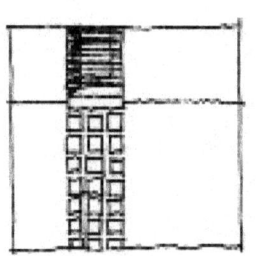

Ocupación

> *Una casa vive únicamente de hombres,*
> *como una tumba.*
>
> César Vallejo

Venimos a ocuparte
finalmente.
No nos escogiste
pero somos los únicos
que sabemos tus flancos
y tus ganas de ruido.

Venimos
de muy lejos,
de haberte soñado con lascivia,
de haberte bautizado Desafío,
de haber creído en ti
cándidamente.

Venimos
de haberte parido
contra todo pronóstico,
contra todo canon,
contra toda tentativa
a cómodo rincón,
sin aspavientos.

Venimos, por qué no,
a darte vida.

Pero también

a pretenderte,
a enamorarte,
a sostenerte... A
todo cuanto sabemos
venimos, a todo
cuanto podemos.

Venimos, por qué no,
a poseerte.

Venimos a vivirte
y a morirte.

Espero que lo creas
...Y lo aceptes.

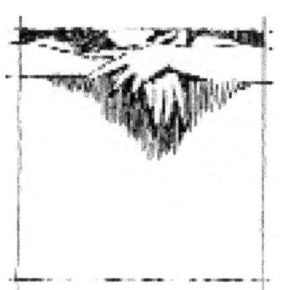

Paradoja

Para Élmer López, in memoriam.

Cuánto y qué poco te pareces a ti misma.
Te soñé mulata, descarada,
abierta en canal para una luz promiscua.
Mas te acepto tranquila, comedida,
recoleta, mansa:
castellana.

Ya te iré desvirgando la mirada.
En lo más críptico de toda señorona
habita esperanzada
su fulana.

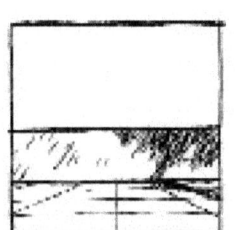

Patio

¿Eres en realidad un patio
y no un atrio mutilado,
un retraído jardín,
un trozo de campo agazapado?
¿Estás realmente en mi presencia, íntegro,
y no en Cádiz, La Habana, Valladolid,
hecho pedazos?
¿Dónde tu fuente, tu galería, tu mango.
Acaso allí, detrás de la cortina
que despliegan los pájaros,
donde la helada no puede,
donde siempre?
¿Por qué cantas mi verde
y al tiempo te recoges al pie de tu caliza.
Cómo sabes mis miedos, mis ansias,
dejándome saber de ti tan poco.
Por qué te sudo con tanto desenfado
y sin cautelas te mimo
si nos unen apenas dos veranos?

¿Eres en realidad mi patio:
el eco amurallado de la casa
que recién besé tranquilo,
sin abrir los ojos?

¿Lo eres, lo serás?

¿Me convencerás del frío

hasta el punto en que quiera entrecavarte
definitivamente entregado
en dirección a la única respuesta
capaz de silenciar toda pregunta?

Luz

Para Luís Lápidus, in memoriam.

La luz y la casa
finalmente se encontraron
con las armas calibradas.
Se desean, es obvio,
pero deben mejor conocerse
para alcanzar extasiarnos
con la milagrosa plenitud
de su coito diario.

La casa —púdica aprendiz—
va empaquetando como puede
el arrítmico chorreo de la luz,
intenta acomodar las acometidas
de su incisiva pretendiente
al mapa de sus orificios,
a la escala de sus espacios,
al ritmo de su respiración.

La luz —curtido espadachín—
estrecha el cerco, morbosa
indaga cada rendija,
cada arista, cada punto de fuga.
Se salta las reglas
para imponer las suyas
ante la impotencia
de quienes pretendimos arbitrar
sus artes amatorias.

La casa y la luz
a pocos van tensando
los hilos de su lascivia.
Se citan, coquetean, se manosean
sin que parezca importarles
mi desconcierto.

Yo hice cuanto supe.
Ahora no intervengo.
Ahora miro, disfruto,
aprendo...

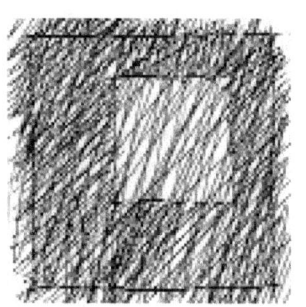

Amanecer

De nuevo se derrama el amanecer ante mí
como los rizos de mi hijo
cuando intenta camelarme.
De nuevo se cuela por la celosía
de manera sigilosa,
como antaño lo hacía
entre las tablas de palma
de aquella casa vieja
que ahora se me antoja recreada.
De nuevo se dibuja a sí mismo
con un trazo suave
que sorprende y llena,
inquieta y calma.
De nuevo es el dios de la jornada.
Aunque se deje apresar por un instante,
reina otra vez detrás de la ventana.

En la casa nueva
tendí trampas para fijar su aroma
en la memoria de todos los cristales.
Abolí las persianas,
encuadré los sitios más fiables,
adapté mis lentes a la fina luz como de luna
con que suele aparecer como del aire.

En la casa nueva
amanece otra vez de aquella forma
en que vi amanecer cuando seguía
la rosa de mis vientos
día a día.

Atardecer

Para Inma y Jose

Los arquitectos
raramente diseñamos para la noche.
—La noche no se capta, se atempera
cuando arrecia su tozudez cóncava—
Pero sí pretendemos atrapar su prólogo:
esa misa diaria en que la alegría
comulga con su letargo.
Queremos apropiarnos
del justo momento de la reverencia,
cuando la luz se inclina ante la madre oscuridad
con la intención de rogar
un nuevo giro, un nuevo baile.

En el lance crucial
la luz se adorna como nunca,
se sonroja, se apoca, con artes de gata
retrae sus uñas y despliega su terciopelo.
Los arquitectos, sus fieles seguidores,
pedimos por ella ante la oscura señora.
Nos hicimos lunáticos
de tanto prepararnos para el evento, de tanto
espantar el posible fracaso de nuestra patrona
en su esencial oración de cada tarde.

Durante veinte años soñé la ventana
para participar esta liturgia y sus plegarias.

Y aún estoy aquí, en mi sala de estar,
esperando a que suba el telón,
tentando a la suerte como un niño.

Pongo a prueba mi ventana nueva
mientras me pregunto:

¿Por qué no diseñamos para la noche
si tanto precisamos su clemencia?

Chimenea

Qué sensación de paz.
Qué instinto tan primario.
Qué estimulante viaje
a lo larvario de la memoria...

La doma del fuego nos hizo hombres,
nos reveló a dios,
nos dio la cueva en propiedad,
nos protegió de la bestia,
de su cotidiano intento de aducción
en el trance germinal de la conciencia.

En la chimenea
—fuego domado que aún nos puede—
el carrusel de todas las hogueras
nos lleva a donde el tiempo se retrae
arremolinando a chamanes y druidas
en torno al centro de lo ignoto... Allí,
en pleno aquelarre de mis fantasmas,
me encuentro a todos los que fui. Allí
cantamos el azul-espejo de las llamas
y a ellas ofrendamos las máscaras ajadas
para que ardan al fin sin cortapisas. Allí,
como en coro de viejos partisanos,
gritamos la victoria de las brasas
sobre el frío revoco del olvido. Allí
me encuentro a todos los que fui
y escucho el eco de sus voces
crepitar conmigo.

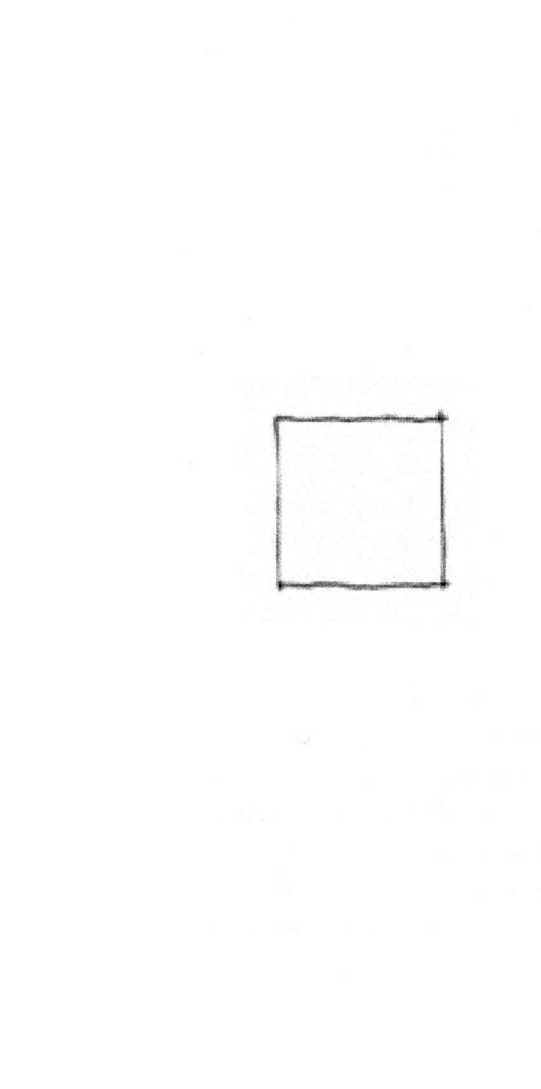

A un arquitecto de extrema vanguardia

Te mintieron, colega, te engañaron.
Te coronaron semidiós del blanco
y vocinglero paladín de la tersura.
Fuiste elegido
para avivar lo puro
y ofrecernos de su quema el humo:
ese vehículo ideal para el aplauso
donde medra el fantasma de lo inerte.
Y no te dijeron
que allí, en la blancura más precisa,
existe un punto negro:
la alegría.
Ni que la luz
es la *sustancia que atraviesan los pájaros,*
ni que en la nada
sobran ya los exégetas creídos,
ni que hace siglos lloran los menhires
la muerte del círculo posible
a manos del geómetra exquisito.

No me apuntes ahora con tu flecha,
que sólo lleva frío.

Los primeros días de mi casa

tienen
su historia, su niñez,
su nana, su aldea,
su lógica, su carambola,
su barco, su polizón,
su cañaveral quemado y su majuelo;

tienen
su miedo, su ego,
su búsqueda, su afán,
su impaciencia, su estrés,
su rabia, su huracán,
su corazón abierto y su emergencia;

tienen
su álbum de fotografías,
su libro de cuentas,
su rosario de sueños,
su cuerda floja, su alegría,
su *qué dirán* y sus zapatos viejos;

tienen
su paisaje, su nueva luz,
su lluvia, su campana,
su amigo imprescindible,
su niebla impenitente, su fuego,
su copa de champán y su ventana;

tienen
su insomnio,
sus pasos en la noche,
su puerta mal cerrada,
sus llaves extraviadas,
su libro sin abrir y su nostalgia;

tienen
su botella al mar,
su muerto, su guardián,
su mal trago, su despido,
su promesa de amor y su fantasma;

tienen
su trabajo, su sudor,
su flor recién cortada,
su orgullo, su pan duro,
su adusto matacán,
su poesía;

pero
tienen también
su trecho por andar,
su destino,
su final,
su mal día...

Los primeros días de mi casa
echaron a volar
con el leve aleteo
de la vida.

DEMARCACIÓN DE VALLADOLID
COLEGIO OFICIAL DE ARQUITECTOS DE CASTILLA Y LEÓN ESTE.

ÍNDICE

Intemperie...	9
Sueño...	11
Trabajo...	13
Sitio..	15
Concepción..	17
Estandarte..	19
Jardín...	21
Estructura...	23
Escombros..	25
Granizo..	27
Muros y vanos..	29
Tejado..	31
Arterias...	33
Ruidos..	37
Maquillaje..	41
Impaciencia...	43
Alboroto...	47
Contemplación..	49
Paisanos...	51
Amigos...	53
Amigos...	55
Colegas..	57
Ocupación...	59
Paradoja..	63
Patio..	65
Luz...	69
Amanecer..	73
Atardecer...	75
Chimenea..	79
A un arquitecto de extrema vanguardia.................	81
Los primeros días de mi casa..................................	83

www.ingramcontent.com/pod-product-compliance
Lightning Source LLC
Chambersburg PA
CBHW071732040426
42446CB00011B/2325